RECETAS BROWNIES BOMBS PARA PRINCIPIANTES

MÁS DE 50 RECETAS FÁCILES, SALUDABLES Y DELICIOSAS

POR UN BUEN TIEMPO

ENRICA PIRAS

Reservados todos los derechos.

Descargo de responsabilidad

TABLA DE CONTENIDO

INTRODUCCIÓN

¿Qué es un brownie? El brownie es un postre horneado de chocolate cuadrado o rectangular. Los brownies vienen en una variedad de formas y pueden ser blandos o apelmazados, dependiendo de su densidad. Pueden incluir nueces, glaseado, queso crema, chispas de chocolate u otros ingredientes.

¿Qué son las bombas de grasa? Las bombas de grasa son dulces bajos en carbohidratos y sin azúcar, generalmente hechos con aceite de coco, mantequilla de coco, queso crema, aguacate y / o mantequilla de nueces. Prácticamente, cualquier cosa alta en grasas, sin azúcar y baja en carbohidratos puede convertirse en una bomba de grasa.

¿Qué son las bolas de postre? Básicamente, es un dulce rico hecho con azúcar y, a menudo, aromatizado o combinado con frutas o nueces. ¿Qué podría ser mejor que un postre decadente? ¡Uno que viene en forma de bola!

A partir de aquí, hornear desde cero, un lote de brownies o una bomba de grasa o una bola de postre será tan fácil como alcanzar las cosas en caja, gracias a estas recetas.

¡Vamos a sumergirnos!

BROWNIES Y FUDGE

1. Brownies de chocolate y avellanas

Ingredientes:
- 1 taza de cacao en polvo sin azúcar
- 1 taza de harina para todo uso
- 1 cucharadita bicarbonato de sodio
- ¼ de cucharadita sal
- 2 CUCHARADAS. mantequilla sin sal
- 8 cucharadas. manteca
- 1½ tazas de azúcar morena oscura, bien compacta
- 4 huevos grandes
- 2 cucharaditas extracto de vainilla
- ½ taza de chispas de chocolate con leche
- ½ taza de chispas de chocolate semidulce
- ½ taza de avellanas tostadas, picadas

1. Caliente el horno a 340 ° F (171 ° C). Cubra ligeramente un molde para hornear de 9 × 13 pulgadas (23 × 33 cm) con aceite en aerosol antiadherente y déjelo a un lado. En un tazón mediano, combine el cacao en polvo sin azúcar, la harina para todo uso, el bicarbonato de sodio y la sal. Dejar de lado.
2. En una caldera doble a fuego lento, derrita la mantequilla sin sal y la mantequilla. Una vez derretido, retire del fuego y agregue el azúcar morena oscura. Vierta la mezcla de mantequilla y azúcar en la mezcla de harina y revuelva para combinar.
3. En un tazón grande, bata los huevos y el extracto de vainilla con una batidora eléctrica a velocidad media durante 1 minuto. Agregue lentamente la mezcla de mantequilla y harina y mezcle durante 1 minuto más hasta que se combinen. Agrega chispas de chocolate con leche, chispas de chocolate semidulce y avellanas, y bate por unos segundos para distribuir rápidamente.

4. Transfiera la mezcla a la sartén preparada y hornee por 23 a 25 minutos o hasta que la parte superior se vea oscura y seca. Deje enfriar completamente en la sartén antes de cortar en 24 trozos y pasar a un plato.
5. Almacenamiento: manténgalo bien envuelto en una envoltura de plástico en el refrigerador durante 4 a 5 días o en el congelador durante 4 a 5 meses.

2. Escoger Brownies

Ingredientes:
- 1/4 taza de mantequilla
- 1/4 cup normal butter
- 2 huevos
- 1 cucharada de extracto de vainilla
- 1/3 de taza de polvo de coco sin remover
- 1/2 taza de harina para todo uso
- 1/4 de salsa de soja
- 1/4 de cucharadita de polvo para hornear

Para el frost:
- 3 cucharadas de mantequilla, sugeridas
- 1 buttepoon teasporon, softened
- 1 tabla de miel
- 1 título de vanilla extrac t
- 1 taza de sugar de confectioners

Direcciones:
1. Antes de llegar a 330 grados F.
2. Engrase y enharine un cuadrado de 8 pulgadas.
3. En una cacerola grande, a fuego muy bajo, derrita 1/4 taza de mantequilla y 1/4 taza de mantequilla.
4. Retirar de él, y agitar en asugar, eggs y 1 teacpoon vanilla. Batir 1/3 de taza de café, 1/2 taza de harina, yeso y polvo de hornear. Extienda la masa en una sartén preparada.
5. Descanse en reposo durante 25 a 30 minutos. No se mueva.

Para disfrutar:
Combine 3 cucharadas de mantequilla y 1 cucharadita de mantequilla; agregue cucharadas de café, miel, 1 cucharadita de extracto de vainilla y 1 taza de sorgo de infusión. Revuelva hasta que quede suave

3. Rocky Road Brownies

Rendimiento: 12 brownies

Ingrésimos:

- 1/2 taza de culata infundida con cannabios
- 1/8 de taza de mantequilla
- 2 onzas de chocolaté sin azúcar
- 4 onzas de chocolate agridulce o semidulce
- 3/4 de taza de toda la harina
- 1/2 cucharadita de sal
- 1 taza de sorgo granulado
- 2 huevos más grandes
- 1 cucharadita de extracto de vainilla
- 3/4 taza de licor de almendras tostadas
- 1 taza de malvaviscos en miniatura

Direcciones:

1. Precaliente el horno a 350 grados F. Cubra una bandeja para hornear cuadrada de 8 pulgadas con papel de aluminio y engrase con la otra manteca o con un relleno de verduras.
2. Derrita la manteca, la mantequilla y los chocolates por debajo del calor en un medio después de remover con frecuencia. Ponga a un lado para enfriar durante 5 minutos.
3. Mezcle la harina y la sal; Siéntate a un lado.
4. Revuelva el sorbo en la lata derretida hasta que se integre.
5. Batir los huevos y la vainilla y continuar mezclando hasta que estén bien integrados.
6. Mezcle la harina y la sal hasta que se integre.
7. Reserve 1/2 taza de la batidora marrón y esparza el resto en la parte principal.
8. Cocine la batería en la sartén durante unos 20 minutos. Mientras se hornea, prepare la preparación agitando la masa rebozada con las almendras y máximas

9. Después de que se haya horneado durante 20 minutos, retírelo.
10. Separe todos los brownies horneados y regrese al horno. Espere unos 10 minutos más o hasta que se rompan los malvaviscos y se inserte un palillo en el centro con solo unas pocas migas más pegadas a él.
11. Deje enfriar en la sartén antes de usar la película para levantar los brotes y cortar en rodajas.

4. Maní y Jelly Fudge

Ingredientes:

- Sirope de arce, ¾ taza
- Extracto de vainilla, 1 cucharadita
- Cacahuetes, 1/3 taza, picados
- Mantequilla de maní, ¾ taza
- Cerezas secas, 1/3 taza, cortadas en cubitos
- Polvo de proteína de chocolate, ½ taza

Método:

1. Picar los cacahuetes y las cerezas y reservar.
2. Caliente el jarabe de arce a fuego lento y luego vierta sobre la mantequilla de maní en un tazón. Mezclar hasta que quede suave.
3. Agregue vainilla y proteína en polvo y revuelva bien para combinar.
4. Ahora agregue los cacahuetes y las cerezas y doble suavemente pero rápidamente.
5. Transfiera la masa a una sartén preparada y congele hasta que cuaje.
6. Cortar en barras al momento de colocar y disfrutar.

5. Fudge de almendras sin hornear

Ingredientes:

- Avena, 1 taza, molida en harina
- Miel, ½ taza
- Avena rápida, ½ taza
- Mantequilla de almendras, ½ taza
- Extracto de vainilla, 1 cucharadita
- Polvo de proteína de vainilla, ½ taza
- Chips de chocolate, 3 cucharadas de cereal de arroz crujiente, ½ taza

Método:

a) Rocíe un molde para pan con aceite en aerosol y déjelo a un lado. Combine el cereal de arroz con harina de avena y avena rápida. Mantener a un lado.

b) Derrita la mantequilla de almendras con miel en una sartén y luego agregue la vainilla.

c) Transfiera esta mezcla al tazón de ingredientes secos y mezcle bien.

d) Transfiera a la sartén preparada e iguale con una espátula.

e) Refrigere por 30 minutos o hasta que esté firme.

f) Mientras tanto, derrita el chocolate.

g) Retire la mezcla de la sartén y rocíe el chocolate derretido encima. Refrigere nuevamente hasta que el chocolate cuaje y luego córtelo en barras del tamaño deseado.

6. **Barras de proteína de dulce de azúcar de terciopelo rojo**

Ingredientes:

- Puré de remolacha asada, 185 g
- Pasta de vainilla, 1 cucharadita
- Leche de soja sin azúcar, ½ taza
- Mantequilla de nueces, 128 g
- Sal rosada del Himalaya, 1/8 de cucharadita
- Extracto (mantequilla), 2 cucharaditas
- Stevia cruda, ¾ taza
- Harina de avena, 80 g
- Proteína en polvo, 210 g

Método:

1. Derretir la mantequilla en una cacerola y agregar harina de avena, proteína en polvo, puré de remolacha, vainilla, extracto, sal y stevia. Revuelva hasta que esté combinado.
2. Ahora agregue la leche de soja y revuelva hasta que esté bien incorporado.
3. Transfiera la mezcla a una sartén y refrigere por 25 minutos.
4. Cuando la mezcla esté firme, córtala en 6 barras y disfrútala.

7. Fudge Munchies

Porciones: 6-8

Ingredientes:
- 1/2 taza de mantequilla
- 1/2 taza de mantequilla de almendras
- 1/8 a 1/4 taza de miel
- 1/2 de un plátano, machacado
- 1 cucharadita Extracto de vainilla
- cualquier tipo de mantequilla de nueces
- 1/8 taza de frutos secos
- 1/8 taza de chispas de chocolate

Direcciones:

1. En una licuadora o procesadora de alimentos, agregue todos los ingredientes. Licue durante varios minutos hasta que quede suave. 2. Vierta la masa en un molde para pan con papel de hornear.
2. Para trozos más grandes, use un mini molde para pan o duplicar la receta. Refrigere o congele hasta que esté firme. Cortar en 8 cuadrados iguales.

8. Brownies de moca helados

- 1 c. azúcar
- 1/2 taza mantequilla ablandada
- 1/3 c. de cacao para hornear
- 1 t. gránulos de café instantáneo
- 2 huevos batidos
- 1 t. extracto de vainilla
- 2/3 c. harina para todo uso
- 1/2 t. Levadura en polvo
- 1/4 t. sal
- 1/2 taza nueces picadas

1. Combine los gránulos de azúcar, mantequilla, cacao y café en una cacerola. Cocine y revuelva a fuego medio hasta que la mantequilla se derrita. Retírelo del calor; enfriar durante 5 minutos. Agrega los huevos y la vainilla; revuelva hasta que esté combinado.
2. Mezcle la harina, el polvo de hornear y la sal; doblar en nueces. Extienda la masa en un molde para hornear engrasado de 9 "x 9". Hornee a 350 grados durante 25 minutos o hasta que cuaje.
3. Deje enfriar en una sartén sobre una rejilla de alambre. Unte el glaseado de moca sobre los brownies enfriados; cortar en barras. Hace una docena.

9. Blondies de semillas de chía con mantequilla de nuez y nueces

INGREDIENTES

- 2 1/4 tazas de nueces pecanas, tostadas
- 1/2 taza de semillas de chía
- 1/4 taza de mantequilla derretida
- 1/4 taza de eritritol en polvo
- cucharada SF Torani salado

Caramelo

- gotas de Stevia líquida
- huevos grandes
- 1 cucharadita Levadura en polvo
- 3 cucharadas Crema espesa
- 1 pizca de sal

DIRECCIONES

a) Precaliente el horno a 350F. Mide 2 1/4 taza de nueces
b) Muela 1/2 taza de semillas de chía enteras en un molinillo de especias hasta que se forme una comida.
c) Retire la harina de chía y colóquela en un bol. A continuación, muele 1/4 taza de eritritol en un molinillo de especias hasta que esté pulverizado. Colocar en el mismo tazón que la comida de chía.
d) Coloque 2/3 de nueces tostadas en un procesador de alimentos.
e) Procese las nueces, raspando los lados hacia abajo según sea necesario, hasta que se forme una mantequilla de nueces suave.

f) Agregue 3 huevos grandes, 10 gotas de stevia líquida, 3 cucharadas. SF Sirope de caramelo salado Torani y una pizca de sal a la mezcla de chía. Mezcle bien todo esto.

g) Agregue mantequilla de nuez a la masa y mezcle nuevamente.

h) Con un rodillo, aplasta el resto de las nueces tostadas en trozos dentro de una bolsa de plástico.

i) Agregue nueces trituradas y 1/4 taza de mantequilla derretida a la masa.

j) Mezcle bien la masa y luego agregue 3 cucharadas. Crema espesa y 1 cucharadita. Levadura en polvo. Mezclar todo bien.

k) Mida la masa en una bandeja de 9 × 9 y alise.

l) Hornee por 20 minutos o hasta obtener la consistencia deseada.

m) Deje enfriar durante unos 10 minutos. Corta los bordes del brownie para crear un cuadrado uniforme. Esto es lo que yo llamo "el convite de los panaderos" - ¡sí, lo adivinaste!

n) Come a esos chicos malos mientras los preparas para servir a todos los demás. La llamada "mejor parte" del brownie son los bordes, y es por eso que te mereces tenerlo todo.

o) ¡Sirve y come al contenido de tu corazón (o más bien macros)!

10. Brownies de manzana

- 1/2 taza mantequilla ablandada
- 1 c. azúcar
- 1 t. extracto de vainilla
- 1 huevo batido
- 1-1 / 2 taza harina para todo uso
- 1/2 t. bicarbonato de sodio

a) Precaliente el horno a 350 grados F (175 grados C). Engrase una fuente para hornear de 9x9 pulgadas.

b) En un tazón grande, bata la mantequilla derretida, el azúcar y el huevo hasta que quede esponjoso. Incorpora las manzanas y las nueces. En un recipiente aparte, tamice la harina, la sal, el polvo de hornear, el bicarbonato de sodio y la canela.

c) Revuelva la mezcla de harina en la mezcla húmeda hasta que se mezcle. Extienda la masa de manera uniforme en la fuente para hornear preparada.

d) Hornea 35 minutos en el horno precalentado, o hasta que al insertar un palillo en el centro salga limpio.

11. Brownies de corteza de menta

- 20 oz. paq. mezcla de brownie de dulce de azúcar
- 12 onzas. paq. chispas de chocolate blanco
- 2 t. margarina
- 1-1 / 2 taza bastones de caramelo triturados

1. Prepare y hornee la mezcla para brownies de acuerdo con las instrucciones del paquete, usando un molde para hornear engrasado de 13 "x 9". Después de hornear, enfríe completamente en la sartén.
2. En una cacerola a fuego muy lento, derrita las chispas de chocolate y la margarina, revolviendo constantemente con una espátula de goma. Extienda la mezcla sobre los brownies; espolvorear con caramelo triturado.
3. Deje reposar durante unos 30 minutos antes de cortar en cuadrados. Hace 2 docenas.

12. Barras de dulce de mantequilla de maní keto

INGREDIENTES

La corteza
- 1 taza de harina de almendras
- 1/4 taza de mantequilla derretida
- 1/2 cucharadita Canela
- 1 cucharada. Eritritol
- Pizca de sal

el dulce de azúcar
- 1/4 taza de crema espesa
- 1/4 taza de mantequilla derretida
- 1/2 taza de mantequilla de maní
- 1/4 taza de eritritol
- 1/2 cucharadita Extracto de vainilla
- 1/8 cucharadita Goma xantana

Los Toppings
- 1/3 taza de chocolate lirio, picado

DIRECCIONES

a) Precalienta el horno a 400 ° F. Derretir 1/2 taza de mantequilla. La mitad será para la corteza y la otra mitad para el dulce de azúcar. Combine la harina de almendras y la mitad de la mantequilla derretida.

b) Agregue eritritol y canela, y luego mezcle. Si está usando mantequilla sin sal, agregue una pizca de sal para resaltar más sabores.

c) Mezcle hasta que esté uniforme y presione en el fondo de una fuente para hornear forrada con papel pergamino. Hornea la base durante 10 minutos o hasta que los bordes estén dorados. Sácalo y déjalo enfriar.

d) Para el relleno, combine todos los ingredientes del dulce de azúcar en una licuadora pequeña o procesador de alimentos y mezcle. También puede utilizar una batidora de mano eléctrica y un tazón.

e) Asegúrate de raspar los lados y combinar bien todos los ingredientes.

f) Después de que la corteza se haya enfriado, extienda la capa de dulce de azúcar suavemente hasta los lados de la fuente para hornear. Use una espátula para nivelar la parte superior lo mejor que pueda.

g) Justo antes de enfriar, cubra sus barras con un poco de chocolate picado. Esto puede ser en forma de chispas de chocolate sin azúcar, chocolate amargo sin azúcar o simplemente un buen chocolate amargo añejo. Usé chocolate azucarado con Stevia de Lily.

h) Refrigere durante la noche o congele si lo desea pronto.

i) Cuando se enfríe, retire las barras tirando del papel de pergamino. Cu en 8-10 barras y sirve! ¡Estas barras de dulce de mantequilla de maní deben disfrutarse frías! Si los lleva para llevar, asegúrese de llevarlos en una bolsa de almuerzo con aislamiento para mantenerlos firmes.

13. Brownies de calabacín favoritos

- 1/4 taza mantequilla derretida
- 1 c. Brownies de mantequilla de maní
- 1 huevo batido
- 1 t. extracto de vainilla
- 1 c. harina para todo uso
- 1 t. Levadura en polvo
- 1/2 t. bicarbonato de sodio
- 1 cucharada de agua
- 1/2 t. sal
- 2-1 / 2 T. de cacao para hornear
- 1/2 taza nueces picadas
- 3/4 taza calabacín, rallado
- 1/2 taza chips de chocolate semidulce

a) En un tazón grande, mezcle todos los ingredientes excepto las chispas de chocolate.
b) Unte la masa en un molde para hornear de 8 "x 8" engrasado; espolvorear la masa con chispas de chocolate.
c) Hornee a 350 grados durante 35 minutos. Déjelo enfriar antes de cortarlo en barras. Hace una docena.

14. Brownies de chocolate con malta

- 12 onzas. paq. chips de chocolate con leche
- 1/2 taza mantequilla ablandada
- 3/4 taza azúcar
- 1 t. extracto de vainilla
- 3 huevos batidos
- 1-3 / 4 c. harina para todo uso
- 1/2 taza leche en polvo malteada
- 1/2 t. sal
- 1 c. bolas de leche malteada, picadas en trozos grandes

a) Derrita las chispas de chocolate y la mantequilla en una cacerola a fuego lento, revolviendo con frecuencia. Retírelo del calor; dejar enfriar un poco.

b) Mezcle los ingredientes restantes, excepto las bolas de leche malteada, en el orden indicado.

c) Extienda la masa en un molde para hornear engrasado de 13 "x 9". Espolvorea con bolitas de leche malteada; hornee a 350 grados durante 30 a 35 minutos. Fresco. Cortar en barras. Hace 2 docenas.

15. Brownies de chocolate alemán

- 14 onzas paq. caramelos, sin envolver
- 1/3 c. leche evaporada
- 18-1 / 4 oz. paq. Mezcla de pastel de chocolate alemán
- 1 c. nueces picadas
- 3/4 taza mantequilla derretida
- 1 a 2 c. chips de chocolate semidulce

a) Derretir caramelos con leche evaporada a baño maría. En un tazón, combine la mezcla para pastel seco, las nueces y la mantequilla; revuelva hasta que la mezcla se una. Presione la mitad de la masa en un molde para hornear de 13 "x 9" engrasado y enharinado.

b) Hornee a 350 grados durante 6 minutos. Retirar del horno; espolvorear con chispas de chocolate y rociar con la mezcla de caramelo. Con una cuchara, coloque la masa restante por encima.

c) Hornee a 350 grados durante 15 a 18 minutos más. Fresco; cortar en barras. Rinde 1-1 / 2 docena.

16. Fudge de té verde matcha

Ingredientes:

- Mantequilla de almendras tostadas, 85 g
- Harina de avena, 60 g
- Leche de vainilla y almendras sin azúcar, 1 taza
- Proteína en polvo, 168 g
- Chocolate negro, 4 oz. Derretido
- Polvo de té verde matcha, 4 cucharaditas
- Extracto de stevia, 1 cucharadita
- Limón, 10 gotas

Método:

a) Derretir la mantequilla en una cacerola y agregar la harina de avena, el té en polvo, la proteína en polvo, las gotas de limón y la stevia. Mezclar bien.

b) Ahora vierta la leche y revuelva constantemente hasta que esté bien combinado.

c) Transfiera la mezcla a un molde para pan y refrigere hasta que cuaje.

d) Rocíe chocolate derretido encima y refrigere nuevamente hasta que el chocolate esté firme.

e) Corta en 5 barras y disfruta.

17. Brownies de pan de jengibre

- 1-1 / 2 taza harina para todo uso
- 1 c. azúcar
- 1/2 t. bicarbonato de sodio
- 1/4 taza de cacao para hornear
- 1 t. Jengibre molido
- 1 t. canela
- 1/2 t. clavo molido
- 1/4 taza mantequilla, derretida y ligeramente enfriada
- 1/3 c. melaza
- 2 huevos batidos
- Decoración: azúcar en polvo

a) En un tazón grande, combine la harina, el azúcar, el bicarbonato de sodio, el cacao y las especias. En un recipiente aparte, combine la mantequilla, la melaza y los huevos. Agregue la mezcla de mantequilla a la mezcla de harina, revolviendo hasta que se combinen.

b) Extienda la masa en un molde para hornear engrasado de 13 "x 9". Hornee a 350 grados durante 20 minutos, o hasta que un palillo esté limpio cuando se inserte en el centro.

c) Deje enfriar en una sartén sobre una rejilla de alambre. Espolvorea con azúcar glass. Cortar en cuadrados. Hace 2 docenas.

18. Bröwnies de chocolate con miel

Ingrésimos:

- 1 taza de mantequilla o aceite derretido
- ½ cucharada de polvo de chocolate o polvo de chocolate derretido
- 4 huevos
- 1 cupón
- 2 teteras vanilla
- 2 tazas de harina blanca sin blanquear
- 2 teorías que hornean al asistente
- ½ té en el mar
- 1 taza de pasas
- 1 taza de nueces picadas

Direcciones:

1. Precaliente el horno a 350 grados F.
2. Batir la mantequilla, el chocolate, la canela o la cerveza y la miel juntos hasta que llegue el momento. Agregue los huevos y la vainilla; mezclar bien.
3. Agregue los ingredientes secos, revuelva hasta que se humedezca. Agregue las pasas y las nueces y mezcle bien.
4. Vierta la masa en una bandeja para hornear engrasada de 9 x 13 pulgadas. Espere 45 minutos o hasta que lo haga.
5. Corte en 24 eqprecios ual (aproximadamente 2‖ x 2‖), each verrving hcomo 2 teaspoonortes de traseroer = alto dver, or cut into 48 pIdespués (sobre 2‖ x 1‖) = medium dose.

19. Brownies de menta

Ingrésimos:

- 1 culata
- 6 onzas de chocolate sin azúcar
- 2 copas suugar
- 1 cucharadita de polvo para hornear
- 1½ cucharaditas de vainilla
- ½ cucharadita de sal
- 1½ cucharadas de harina
- 1 taza de nueces o nueces, finamente molidas
- 1 1/2 onzas de bolsa de chocolate con menta
- 4 huevos

Direcciones:

1. Precalentar el horno.
2. En un segundo medio, derrita la mantequilla y el chocolate sin azúcar sobre la temperatura baja, revolviendo constantemente. Regrese de él y déjelo enfriar.
3. Engrase un molde de 9 × 13 pulgadas y manténgalo a un lado. Revuelva el azúcar con la mezcla fría de cócteles en una cacerola. Empezar y añadir poco a poco a la mezcla de chocolate. Agregue la vainilla.
4. En un vistazo, mezcle la harina, horneando una y otra vez.
5. Agregue la mezcla de harina a la mezcla selecta hasta que se integre. Agregue las nueces y las papas fritas de menta. Esparcir la masa en la sartén preparada.
6. Espere 30 minutos. Deje enfriar en una rejilla antes de guardar.

20. Pecan Brownies

Ingredientes:
- 1 cup butter
- 2/3 cup chocolate
- 1 cucharadita de extracto de vainilla
- Orange zest (optional)
- 5egg blancos
- 4 egg yolk s
- 3/4 taza de azúcar
- 1/3 de la harina
- 1 cucharada sopera cocoa powder
- 1/2 taza de nueces pecanas trituradas

Direcciones:
1. Precaliente el horno a 220 grados F.
2. Use un baño maría colocando una taza en la parte superior de una olla con agua sobre fuego medio alto.
3. Agregue su escobilla, contrafuerte, extracto de vainilla y un poco más a la lista inicial y mezcle para incorporar.
4. Quítese el calor y déjese a un lado. (Ya no necesitará nada de este lugar).
5. Coloque las claras de huevo en un paquete separado.
6. Batir los blancos hasta que se formen unas partes blancas rígidas, usando una batidora selecta o una batidora; poner a un lado.
7. Agregue su huevo a otra porción y agregue azúcar. Mezclar para incorporar.
8. Agregue su mezcla de escopeta a la mezcla de huevo y lechuga e introdúzcala ligeramente con una espátula.
9. Una vez que esté integrado, tamice en la harina, coloque la cuchara y agregue las nueces de su preferencia.
10. Ahora agregue sus blanquecinos blancos esponjosos a la mezcla, e integre todo junto usando un espatula. Forre una parte de horneado con una parte de horneado y agregue su mezcla terminada.

11. Ahora hornee por 60 minutos y sus tostados estarán listos.

21. Brownies de menta con salsa de toffee

INGREDIENTES

Brownies

- 1 taza (230 g) de mantequilla sin sal
- 2 onzas de chocolate semidulce, picado en trozos grandes
- 1 y 1/2 tazas (300 g) de azúcar granulada
- 1/2 taza (100 g) de azúcar morena clara compacta
- 2 huevos grandes, a temperatura ambiente
- 2 cucharaditas de extracto puro de vainilla
- 1/2 cucharadita de sal
- 1/2 taza + 3 cucharadas (85 g) de harina para todo uso (cuchara y nivelada)
- 1/4 taza (21 g) de cacao en polvo natural sin azúcar
Capa de glaseado de menta
- 1/2 taza (115 g) de mantequilla sin sal, ablandada a temperatura ambiente
- 2 tazas (240 g) de azúcar glass
- 2 cucharadas (30 ml) de leche
- 1 y 1/4 cucharaditas de extracto de menta *
- opcional: 1 gota de colorante verde líquido o en gel para alimentos
Capa de chocolate
- 1/2 taza (115 g) de mantequilla sin sal
- 1 taza colmada (alrededor de 200 g) de chispas de chocolate semidulce

Salsa de caramelo salado

- 7 cucharadas. manteca

- 9 cucharadas. mantequilla sin sal
- 1 taza de crema espesa
- 1 taza de azúcar morena oscura, bien compacta
- ½ cucharadita sal

Instrucciones

Para los brownies:

1. Derrita la mantequilla y el chocolate picado en una cacerola mediana a fuego medio, revolviendo constantemente, aproximadamente 5 minutos. O derretir en un tazón mediano apto para microondas en incrementos de 20 segundos, revolviendo después de cada uno, en el microondas. Retirar del fuego, verter en un tazón grande para mezclar y dejar enfriar un poco durante 10 minutos.

2. Ajuste la parrilla del horno a la tercera posición inferior y precaliente el horno a 350 ° F (177 ° C). Cubra el fondo y los lados de una bandeja para hornear de 9 × 13 * con papel de aluminio o papel pergamino, dejando un saliente en todos los lados. Dejar de lado.

3. Batir los azúcares granulados y morenos en la mezcla enfriada de chocolate y mantequilla. Agregue los huevos, uno a la vez, batiendo hasta que estén suaves después de cada adición. Incorpora la vainilla. Incorpora suavemente la sal, la harina y el cacao en polvo. Vierta la masa en la bandeja para hornear preparada y hornee durante 35-36 minutos o hasta que los brownies comiencen a desprenderse de los bordes de la bandeja.

4. Una vez que esté completamente frío, levante el papel de aluminio de la sartén usando el saliente de los lados. Coloque todo en una bandeja para hornear mientras prepara el glaseado. No cortar en cuadrados todavía.

Para la capa de glaseado de menta:

1. En un tazón mediano con una batidora de mano o de pie equipada con un accesorio de paleta, bata la mantequilla a velocidad media hasta que esté suave y cremosa, aproximadamente 2 minutos. Agrega el azúcar glass y la leche. Batir durante 2 minutos a velocidad baja, luego aumentar a velocidad alta y batir durante 1 minuto más. Agregue el extracto de menta y el colorante para alimentos (si lo usa) y bata a fuego alto durante 1 minuto completo. Pruebe y agregue una gota o dos más de extracto de menta si lo desea.

2. Congele los brownies enfriados que colocó en la bandeja para hornear y colóquela en el refrigerador. Esto permite que el glaseado se "fije" encima de los brownies, lo que facilita el esparcimiento de la capa de chocolate. Conservar en el frigorífico durante al menos 1 hora y hasta 4 horas.

Para la capa de chocolate:

1. Derrita la mantequilla y las chispas de chocolate en una cacerola mediana a fuego medio, revolviendo constantemente, aproximadamente 5 minutos. O derretir en un tazón mediano apto para microondas en incrementos de 20 segundos, revolviendo después de cada uno, en el microondas. Una vez derretido y suave, verter sobre la capa de menta.

2. Extienda suavemente con un cuchillo o una espátula acodada. Coloque los brownies que aún están en la bandeja para hornear, en el refrigerador y enfríe durante 1 hora (y hasta 4 horas o incluso durante la noche) para fijar el chocolate.

3. Una vez enfriado, sacar del refrigerador y cortar en cuadritos. Para un corte limpio, haga cortes muy rápidos,

usando un cuchillo grande muy afilado y limpie el cuchillo con una toalla de papel entre cada corte. Los brownies están bien a temperatura ambiente durante unas horas. Cubra bien y guarde las sobras en el refrigerador hasta por 5 días.

Para la salsa de caramelo:

1. En una cacerola mediana a fuego medio-bajo, combine la mantequilla, la mantequilla sin sal, la crema espesa, el azúcar morena y la sal. Deje hervir a fuego lento, revolviendo con frecuencia.
2. Continúe cocinando a fuego lento durante 10 minutos hasta que la salsa comience a reducir su tamaño y espese. Retírelo del calor. Deje que la salsa se enfríe un poco antes de servir.

22. Bröwnies de chocolate y nuez moscada

Ingrésimos:

- 1/4 de libra a tope
- 1/4 de pound dark chocolate
- 1 taza de sorgo blanco
- 4 huevos regulares
- 1/2 taza de harina
- Nuez
- Canela
- 2 tablas de vanilla

Direcciones

1. Prepárese a 350 grados F.
2. Derretir la mantequilla sobre un calor bajo, luego agregar el chocolate (en cubos es quickestst) y derretir eso con el trasero ya derretido; ¡Revuelva regularmente para que se convierta en un perfecto contrafuerte!
3. Tan pronto como el chocolate se haya derretido por completo, agregue la canela, la nuez y la boca blanca; agitar y simular por unos minutos.
4. Agregue los huevos, uno en un momento, ayudándolos para que la voz se rompa. Continúe revolviendo la mezcla a fuego lento hasta que esté suave.
5. Agregue la harina y los ingredientes finamente molidos a la mezcla. Si le gustan las nueces, entonces puede agregar unqofrezca una parte de su nuez favorita si lo desea. Revuelva bien; si es difícil de remover, agregue un poco de leche.
6. Ponga su mezcla en una sartén engrasada de 9 x 13 pulgadas si no tiene una, entonces una más pequeña está bien: solo parece un marrón más grueso y, probablemente, un poco más largo en el medio.

7. Hornee su mezcla durante 20-25 minutos, a veces se necesita un poco más de tiempo.quired.
8. Una vez que se ve y se parece a un brownie gigante, córtelo en unos 20 segundos.quare. No importa cuántos cuadrados, por supuesto.
9. Posología: espere una hora y vea cómo se siente. Entonces, ¡más si es necesario! Estos marrones tienen un sabor delicioso y es difícil resistirse a comerlos, ¡pero no querrás comer demasiados y luego blancos!

23. Maní Butter Swirl Brownie

Ingrésimos:

- 2 tablas contables, a veces
- 2 tablas de azúcar
- 1 1/2 cucharadas de azúcar morena
- 1 tabla cocoa powder
- 1 yema de huevo
- 3 cucharadas de harina
- Pinch of alt
- Chapoteo de vainilla
- 1 tabla de mantequilla de maní

Direcciones:

1. Mezcle el adulterio, el sorgo, el sorgo tostado, la vainilla y el huevo hasta la mitad.
2. Agregue la sal y la harina hasta que se mezclen bien. Revuelva los escalones de chocolate al final.
3. Vierta en una olla o taza, luego aplique la parte superior con mantequilla de nuez.
4. Gire ligeramente con una espátula.
5. 5.75 segundos en la microonda hasta que se haga.

24. Brownies de calabaza

Ingrésimos:

- 2/3 cup picado brown sugar
- 1/2 taza de calabaza en conserva
- 1 huevo entero
- 2 claras de huevo
- 1/4 de taza
- 1 taza de harina entera
- 1 asistente de horneado
- 1 cucharadita de cacao en polvo sin beber
- 1/2 cucharadita de canela molida
- 1/2 cucharadita molida toda la porción
- 1/4 de salsa de soja
- 1/4 cucharada de nuez molida g
- 1/3 de taza de chocolate semidulce miniature

Direcciones:

1. Precaliente el horno a 350 grados F.
2. En una mezcla grande, mezcle el azúcar moreno, la pumrkin, el huevo entero, el huevo blanco y el aceite.
3. Batir con una batidora eléctrica a fuego medio hasta que quede suave.
4. Agregue la harina, la cuchara para hornear, la cucharada en polvo, la canela, la pimienta de Jamaica, la salmuera y la nuez.
5. Continúe despacio hasta el día siguiente. Agregue los platos selectos de forma semi-dulce.
6. Rocíe una paleta de horneado de 11 × 7 pulgadas sin recubrimiento antideslizante.
7. Nuestro bate en el panel. Separe siempre.
8. Espere de 15 a 20 minutos o hasta que se inserte una parte superior o que el centro se cierre.

CORTEZAS, PRETZELS Y NOUGATINES

25. Corteza de Buda de menta

Ingrésimos:
- 12 onzas de chocolate blanco
- 6 ounces semidulce chocolate
- 4 tablas de aceite de nuez
- ½ cucharadita de extracto de menta
- 3 latas de caramelo (aplastadas)

Direcciones

1. Cubra una bandeja para hornear de 9 × 9 pulgadas con un poco de papel de pergamino o papel de aluminio, asegurándose de escurrir la película sobre los lados de la barra y algunas de las arrugas que tenga. Esta parada asegurará una limpieza rápida y también permitirá que la corteza de menta se separe fácilmente de la zona cuando llegue el momento de romperla en lugares individuales.
2. Mezcle los colores semidulce de la selección y la selección de la blancura. Para hacer esto, cree un calentador doble usando un tazón de fuente de seguridad y un tazón de fuente lleno de agua. Elija un boletín que se ajuste cómodamente sobre la parte superior de la cacerola (no use un boletín que se asiente precariamente en la parte superior de la cacerola). También desea asegurarse de que la parte inferior de la lista no toque el agua o corre el riesgo de quemar la bebida.
3. Por otro lado, este remedio utiliza 3 capas de chocolate para el burrito (blanco, semiblanco, blanco). Siéntete libre de cambiar elqDesventajas de la elección y revertir el atractivo (semidulce, blanco, semidulce) si así lo deseas.
4. Traiga el agua en el mismo lugar a una apariencia más simple, y coloque la caja de seguridad que contenga sus hojas de chocolate blanco sobre el mismo lugar.
5. Derretir las patatas fritas blancas hasta que estén medio
6. Agregue 4 cucharadas de aceite de nuez con infusión de canela y la ½ cucharadita de extracto de menta.

7. Revuelva hasta que ambos aceites se hayan disuelto completamente en el chocolate blanco. Aparte de medicar la comida, el aceite de nuez también creará un brillo agradable en la corteza y le permitirá tener un buen chasquido.‖ cuando brarey hastae pIdespués.

8. Una vez que el blanco fundido es un poco de nuevo, la mitad en la parte preparada. Incline la paleta después de colocarla en la mitad de la capa blanca fundida para asegurar una capa / primera capa.

9. Coloque la parte en el refrigerador y luego la primera capa de elección para compartirla, aproximadamente 30 minutos más o menos.

10. Mientras se está fraguando su primer postrero, repita los pasos anteriores para preparar una segunda caldera doble para sus dulces de chocolate semidulce.

11. Una vez que sus chispas de chocolate semidulce se hayan derretido completamente, retire el pezón del baño maría.

12. Tome la sartén que contenga la primera última opción de chocolate blanco del refrigerador y prepárese para obtener la primera parte de las chispas de chocolate mezcladas y las primeras. Es extremadamente importante que la capa inicial de la elección del blanco esté bien combinada, ya que la introducción de la segunda capa hará que se mezclen si no es así.

13. Extienda la segunda parte de los chips de selección semi-esponjosa siempre a lo largo de la parte utilizando un cuchillo para hornear o espatula.

14. Coloque la parte de atrás en el refrigerador a medida que espera el segundo postre de chocolate para ver, de nuevo aproximadamente 30 minutos o algo así.

15. Cuando se haya establecido la segunda capa de la elección, agregue la tercera y última capa de blanco en la parte superior de la segunda capa. Extienda esta tercera capa de manera uniforme con una espátula.

16. Coloque las latas de caramelos en una bolsa Ziploc y prepárelas para romperlas en pequeñas piezas usando la parte posterior de un cucharón o un pasador.

17. Rocíe los bastones de caramelo aplastados encima de la tercera y última capa de blanco que cubre toda la superficie, y luego coloque la parte trasera en la parte posterior del refrigerio hasta que el tiburón termine durante 30 minutos.
18. Cuando esté listo para comer, retire el banco del refugio y retírelo por los lados de la hoja de aluminio: ¡el perro debe levantarse justo fuera de la plataforma!
19. ¡Lleve el paquete a lugares individuales y empaquételos para darlos como regalo o envíelos a sus invitados inmediatamente!

26. Corteza de chocolate con nueces confitadas

Ingredientes:
- 2 CUCHARADAS. manteca
- 1 taza de nueces en mitades
- 2 CUCHARADAS. azúcar morena clara u oscura, bien compacta
- 2 tazas de chispas de chocolate amargo
- 2 CUCHARADAS. jengibre cristalizado

Direcciones
1. En una cacerola pequeña a fuego lento, caliente la mantequilla durante 2 a 3 minutos o hasta que se derrita por completo. Agregue las mitades de nueces y revuelva durante 3 a 5 minutos hasta que estén fragantes y con sabor a nuez. Mezcle el azúcar morena clara, revolviendo constantemente, durante aproximadamente 1 minuto o hasta que las nueces estén cubiertas de manera uniforme y hayan comenzado a caramelizarse. Retírelo del calor.
2. Extienda las nueces caramelizadas sobre papel pergamino y déjelas enfriar. Picar las nueces en trozos grandes y reservar.
3. En una caldera doble a fuego medio, revuelva las chispas de chocolate negro durante 5 a 7 minutos o hasta que se derrita por completo.
4. En una bandeja para hornear forrada con papel pergamino, esparza el chocolate derretido.
5. Espolvoree las nueces caramelizadas y el jengibre cristalizado uniformemente encima. Dejar reposar de 1 a 2 horas o hasta que el chocolate se haya endurecido. Corta o rompe la corteza en 6 pedazos iguales.
6. Almacenamiento: manténgalo cubierto en un recipiente hermético en el refrigerador hasta por 6 semanas o en el congelador por hasta 6 meses.

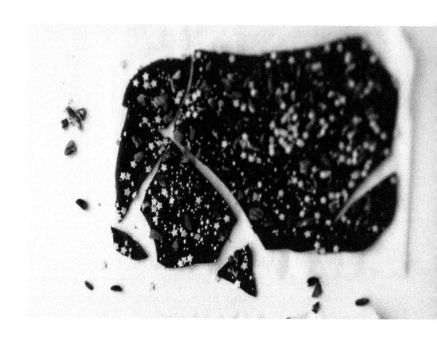

27. Blondies de semillas de chía con mantequilla de nuez y nueces

INGREDIENTES

- 2 1/4 tazas de nueces pecanas, tostadas
- 1/2 taza de semillas de chía
- 1/4 taza de mantequilla derretida
- 1/4 taza de eritritol en polvo
- 3 cucharadas Caramelo salado SF Torani
- gotas de Stevia líquida
- 3 huevos grandes
- 1 cucharadita Levadura en polvo
- 3 cucharadas Crema espesa
- 1 pizca de sal

DIRECCIONES

1. Precaliente el horno a 350F. Mide 2 1/4 taza de nuecesy hornee por unos 10 minutos. Una vez que pueda oler un aroma a nuez, retire las nueces
2. Muela 1/2 taza de semillas de chía enteras en un molinillo de especias hasta que se forme una comida.
3. Retire la harina de chía y colóquela en un bol. A continuación, muele 1/4 taza de eritritol en un molinillo de especias hasta que esté pulverizado. Colocar en el mismo tazón que la comida de chía.
4. Coloque 2/3 de nueces tostadas en un procesador de alimentos.
5. Procese las nueces, raspando los lados hacia abajo según sea necesario, hasta que se forme una mantequilla de nueces suave.

6. Agregue 3 huevos grandes, 10 gotas de stevia líquida, 3 cucharadas. SF Sirope de caramelo salado Torani y una pizca de sal a la mezcla de chía. Mezcle bien todo esto.
7. Agregue mantequilla de nuez a la masa y mezcle nuevamente.
8. Con un rodillo, aplasta el resto de las nueces tostadas en trozos dentro de una bolsa de plástico.
9. Agregue nueces trituradas y 1/4 taza de mantequilla derretida a la masa.
10. Mezcle bien la masa y luego agregue 3 cucharadas. Crema espesa y 1 cucharadita. Levadura en polvo. Mezclar todo bien.
11. Mida la masa en una bandeja de 9 × 9 y alise.
12. Hornee por 20 minutos o hasta obtener la consistencia deseada.
13. Deje enfriar durante unos 10 minutos. Corta los bordes del brownie para crear un cuadrado uniforme. Esto es lo que yo llamo "el convite de los panaderos" - ¡sí, lo adivinaste!
14. Come a esos chicos malos mientras los preparas para servir a todos los demás. La llamada "mejor parte" del brownie son los bordes, y es por eso que te mereces tenerlo todo.
15. ¡Sirve y come al contenido de tu corazón (o más bien macros)!

28. Mango seco bañado en chocolate

Ingredientes:
- 1 taza de chispas de chocolate amargo
- 2 CUCHARADAS. aceite de coco
- 12 piezas grandes de mango seco sin azúcar
- 6 cucharadas. coco rallado (opcional)

Direcciones
1. Cubra una bandeja para hornear con papel pergamino y reserve. En una caldera doble a fuego medio, combine las chispas de chocolate amargo y el aceite de coco.
2. Revuelva durante 5 a 7 minutos o hasta que el chocolate se derrita por completo y se combine bien con el aceite de coco. Retírelo del calor.
3. Con un tenedor o con las manos, sumerja cada trozo de mango en chocolate derretido y deje que el exceso gotee nuevamente en el tazón. Coloque los trozos de mango sumergidos en la bandeja para hornear preparada.
4. Espolvoree coco rallado (si lo usa) sobre los trozos de mango sumergidos. Refrigere por 30 minutos o hasta que el chocolate esté listo.
5. Almacenamiento: manténgalo cubierto en un recipiente hermético en el refrigerador hasta por 6 semanas o en el congelador por hasta 6 meses.

29. Varillas de pretzel con chocolate blanco

Ingredientes:
- ¼ de taza de trocitos de caramelo
- 1 taza de chocolate blanco se derrite
- 2 CUCHARADAS. manteca
- 6 varillas de pretzel

Direcciones

1. Cubra una bandeja para hornear con papel pergamino y reserve. Vierta los trocitos de caramelo en un plato poco profundo cerca de la bandeja para hornear.
2. En una caldera doble a fuego medio, combine el chocolate blanco derretido y la mantequilla, revolviendo ocasionalmente, durante 5 a 7 minutos hasta que el chocolate blanco esté completamente derretido.
3. Sumerja ¾ de cada barra de pretzel en chocolate blanco derretido, permitiendo que el exceso de chocolate gotee nuevamente en la olla.
4. Enrolle cada barra de pretzel en trocitos de caramelo y colóquelos en la bandeja para hornear preparada. Deje reposar durante al menos 30 minutos.
5. Almacenamiento: Consérvese en un recipiente hermético en el refrigerador hasta por 1 mes.

30. Turrón bañado en chocolate

Ingredientes:
- ¾ taza de azúcar granulada
- ⅓ taza de jarabe de maíz ligero
- ¼ taza de pistachos picados
- ¾ taza de almendras en rodajas
- 2 CUCHARADAS. manteca
- 1 taza de chispas de chocolate amargo

Direcciones

1. Cubra una bandeja para hornear con papel pergamino y reserve. En una cacerola mediana a fuego medio, revuelva el azúcar y el jarabe de maíz ligero durante 5 a 7 minutos hasta que la mezcla se derrita y comience a caramelizar.
2. Mezcle los pistachos, las almendras y la mantequilla, y revuelva durante 2 a 3 minutos para tostar ligeramente las almendras. (No hierva).
3. Transfiera la mezcla de nougatina a la bandeja para hornear preparada y cubra con una hoja adicional de papel pergamino. Extienda uniformemente con un rodillo hasta que tenga un grosor de aproximadamente ½ pulgada (1,25 cm). Cortar en 12 trozos.
4. En una caldera doble a fuego medio, caliente las chispas de chocolate negro durante 5 a 7 minutos o hasta que se derrita.
5. Sumerja los trozos de nougatine en chocolate derretido, cubriendo solo la mitad de la nougatine, y vuelva a colocarlos en la bandeja para hornear forrada con pergamino. Deje que el chocolate se asiente durante al menos 1 hora.
6. Almacenamiento: Consérvese en un recipiente hermético hasta por 1 semana.

TRUFAS Y BOLAS DE POSTRE

31. Bolas de Butter de nuez

Elementos necesarios:
- Mezcla de flores
- Boiler doble
- Probar
- Wax paper
- Tooooothpicks

Ingrésimos:
- 1 1/2 tazas de mantequilla de nuez
- 1 cup cannabutter (hardened)
- Suga r de 4 capítulos
- 1 1/3 de las cruces de Graham cracker
- 2 tazas de refrescos dulces
- 1 tabla de acortamiento

Directivas:

1. Coloque la mantequilla de maní y la mantequilla en un recipiente grande para mezclar. Lentamente mezcle el azúcar de las confidentes asegurándose de que no se ponga mal. Agregue las migas de cráter de Graham y mezcle hasta que la solidez se vuelva lo suficientemente deslizante como para formar bolas.
2. Haga balas de una pulgada de diámetro.
3. Derrita los pasteles de chocolate y la manteca vegetal en una mezcla doble. Pinche un palillo en cada bola y luego mézclelos uno por uno en la mezcla de chocolate.
4. Coloque las balas escritas de la selección en un lugar agradable en un ensayo. Colóquelo en el frigorífico durante unos 30 minutos hasta que las bolas estén bien deslizadas.

32. Trufas de chile ancho

Ingredientes:
- ⅔ taza de crema espesa
- 5 cucharadas. manteca
- 3 cucharaditas chile ancho en polvo
- 2 cucharaditas canela molida
- Una pizca de sal
- ½ lb (225 g) de chocolate agridulce, picado
- 1 cucharadita polvo de cacao

Direcciones
1. Forre una bandeja para hornear de 9 × 13 pulgadas (23 × 33 cm) con papel pergamino y reserve. En una cacerola mediana a fuego medio-bajo, combine la crema espesa, 3 cucharadas de mantequilla, 2 cucharaditas de chile ancho en polvo, canela y sal. Lleve la mezcla a ebullición, cubra y retire del fuego. Deje reposar durante 2 horas.
2. Regrese la cacerola a fuego medio-bajo. Una vez que hierva a fuego lento, retire del fuego y agregue el chocolate agridulce y las 2 cucharadas de mantequilla restantes. Revuelva durante 2 a 3 minutos o hasta que el chocolate se derrita y la mezcla esté suave. Vierta en la bandeja para hornear preparada y enfríe en el refrigerador durante 4 horas.
3. Con una cuchara y las manos, forme con la mezcla 16 bolas de 2,5 cm (1 pulgada). Coloque las bolas en una bandeja para hornear forrada con papel pergamino y déjelas enfriar en el refrigerador durante 30 minutos.
4. En un tazón pequeño, combine la cucharadita restante de chile ancho en polvo y el cacao en polvo. Enrolle las bolas en polvo y vuelva a colocarlas sobre el papel de pergamino.
5. Almacenamiento: Disfrútelo el mismo día a temperatura ambiente o consérvelo en un recipiente hermético en el refrigerador hasta por 1 semana.

33. Trufas de chocolate

Tiempo de preparación: 15-20 minutos.
Tiempo de cocción: 0 minutos
Porciones: 10-12

Ingredientes:
- ½ taza de mantequilla ablandada
- ½ taza de azúcar en polvo
- ¼ de taza de cacao en polvo sin azúcar
- ½ taza de harina de almendras
- Pizca grande de sal
- Extracto de pizca de almendra
- Una pizca de extracto de vainilla
- 24 almendras enteras, tostadas en mantequilla y sal
- 1 taza de coco rallado sin azúcar

Direcciones:

1. Cubra una bandeja para hornear con papel pergamino. En un bol, ponga todos los ingredientes preparados excepto las almendras enteras y el coco y mezcle suavemente hasta que la mezcla esté bastante suave.
2. Enrolle cucharaditas de la mezcla entre sus palmas en bolas. (Trabaje rápido, ya que la mantequilla se ablanda rápidamente. Refrigere durante unos minutos si la mezcla se ablanda demasiado).
3. Si usa las almendras tostadas, coloque una en el centro de cada una y vuelva a enrollar rápidamente para suavizar las cosas.
4. Coloque el coco en un bol y enrolle las bolas en el coco hasta que estén cubiertas. Coloque en la bandeja para hornear y refrigere para que se endurezca. Guarde los bocadillos en un recipiente de vidrio en la nevera.

34. cerezas cubiertas de chocolate

Tiempo de preparación: 1 ½ hr.
Tiempo de cocción: 5 minutos.
Porciones: 12

Ingredientes:

- 24 cerezas con tallo (quitar las semillas o utilizar las secas)
- 1 taza de chispas de chocolate con leche
- 1 taza de chispas de chocolate amargo
- ¼ de taza de aceite de coco

Direcciones:

1. En un recipiente apto para microondas, caliente las chispas de chocolate amargo, las chispas de chocolate con leche y el aceite de coco.
2. Caliente la mezcla por intervalos de 20 segundos y revuelva por turnos hasta que finalmente se derrita.
3. Asegúrate de que el chocolate no esté demasiado caliente. Cubre las cerezas con chocolate y deja escurrir el exceso de chocolate. Coloca las cerezas en un papel encerado.
4. Una vez que todas las cerezas estén listas, transfiéralas al refrigerador por 1 hora.
5. Recubra dos veces las cerezas si lo desea (transfiéralas al refrigerador nuevamente) ¡Disfrute!

35. Dulce de azúcar napolitano

INGREDIENTES

- ½ taza de mantequilla ablandada
- 1/2 taza de aceite de coco
- 1/2 taza de crema agria
- 1/2 taza de queso crema
- 2 cucharadas. Eritritol
- 25 gotas de Stevia líquida
- 2 cucharadas. Polvo de cacao
- 1 cucharadita Extracto de vainilla
- 2 fresas medianas

DIRECCIONES

1 En un tazón, combine la mantequilla, el aceite de coco, la crema agria, el queso crema, el eritritol y la stevia líquida.
2 Usando una licuadora de inmersión, mezcle los ingredientes en una mezcla suave.
3 Divida la mezcla en 3 tazones diferentes. Agregue cacao en polvo a un tazón, fresas a otro tazón y vainilla al último tazón.
4 Mezcle todos los ingredientes nuevamente con una licuadora de inmersión. Separe la mezcla de chocolate en un recipiente con pico.
5 Vierta la mezcla de chocolate en el molde de bomba de grasa. Coloque en el congelador durante 30 minutos, luego repita con la mezcla de vainilla.
6 Congele la mezcla de vainilla durante 30 minutos y luego repita el proceso con la mezcla de fresa. Vuelva a congelar durante al menos 1 hora.

7   Una vez que estén completamente congelados, retírelos
de los moldes de la bomba de grasa.

36. Bolas de brócoli con queso

INGREDIENTES

Los buñuelos

- 250 g de mantequilla derretida
- 3/4 taza de harina de almendras
- 1/4 taza + 3 cucharadas. Harina de linaza
- onz. Brócoli fresco
- onz. Queso mozzarella
- 2 huevos grandes
- 2 cucharaditas Levadura en polvo
- Sal y pimienta para probar
DIRECCIONES

1 Agregue el brócoli a un procesador de alimentos y presione hasta que el brócoli se rompa en trozos pequeños. Quieres que se procese bien.

2 Mezcle el queso, la harina de almendras, la mantequilla, la harina de linaza y el polvo de hornear con el brócoli. Si desea agregar condimentos adicionales (sal y pimienta), hágalo en este punto.

3 Agrega los 2 huevos y mezcla bien hasta incorporar todo.

4 Enrolle la masa en bolas y luego cúbralas con harina de linaza.

5 Continúe haciendo esto con toda la masa y reserve sobre toallas de papel.

6 Caliente su freidora a 375F. Yo uso esta freidora. Una vez listo, coloque los buñuelos de brócoli y queso dentro de la canasta, sin abarrotarla.

7   Freír los buñuelos hasta que estén dorados, unos 3-5 minutos. Una vez hecho esto, colóquelo sobre toallas de papel para escurrir el exceso de grasa y sazone a su gusto.

8   Siéntase libre de hacer una sabrosa mayonesa de eneldo y limón para un chapuzón. Disfrutar

37. Cerezas bañadas en chocolate

Ingrésimos:

- 1 taza de color oscuro
- 1 taza de chocolate con leche
- ¼ taza de aceite de coco
- 24 hojas con tallos (lavadas y secas; si las usas frescas, recuerda quitar las hojas).

Direcciones:

1. Leche los pasteles de chocolate, los pasteles de chocolate oscuro y el aceite de nueces en un cuenco de microfibra. Retire y revuelva cada 20 segundos hasta que se derrita. La elección debería estar errada, pero no es así.
2. Dividir en seco por los tallos en la escobilla, una a la vez, permitiendo que el exceso de escogencia gotee en el tazón.
3. Establezca los chorros en una superficie de líneas paralelas para que se sequen. Repita hasta que todas las felicitaciones estén resueltas. Mantenga oprimido en el lado
4. Enfríe las cerezas en el frigorífico durante 1 hora.
5. Sacude el chocolate después de retroceder y quitar las cerezas del refrigerador.
6. Sumerja cada una de ellas en la salsa escocesa por segunda vez. Vuelva a poner las cerezas en el refrigerador para que se enfríen durante 1 hora antes de guardarlas.

38. Empanadas de menta

Ingredientes:
- ½ taza de jarabe de maíz light
- 2 cucharaditas de extracto de menta
- ½ taza de mantequilla ablandada
- 2 gotas de colorante alimentario (opcional)
- 9 tazas de azúcar en polvo tamizada (alrededor de 2 libras)

Direcciones:

1. Use un tazón para mezclar el jarabe de maíz, el extracto de menta y la mantequilla al horno o margarina ligeramente derretida. Luego agregue el azúcar, poco a poco, e incorpórelo a la mezcla. Agregue la cantidad de colorante para alimentos para lograr el color deseado y mezcle bien.
2. Enrolle esta mezcla en bolitas. Colóquelos a unos centímetros entre sí en una bandeja para hornear que haya sido forrada con papel encerado. Usa un tenedor para aplastar cada uno.
3. Deje reposar las hamburguesas de menta en el refrigerador durante varias horas. Saque las hamburguesas del refrigerador y déjelas reposar a temperatura ambiente durante varios días para que se sequen.
4. Después de unos días, cuando las hamburguesas estén secas, transfiéralas a un recipiente con tapa hermética y guárdelas en el refrigerador.

39. Bolas de malvavisco de nuez

Ingrésimos:

- 2 onzas butter
- 2 cucharadas de cacao
- 3 cucharadas de leche condensada
- 2 onzas de azúcar moreno
- 1/8 de la ocasión en que haya una mezcla finamente gruesa o con posibilidades de alta calidad
- 6 onzas de nueces desecadas
- 5 onzas de malvaviscos blancos pequeños

Direcciones:

1. Después de mezclar la mantequilla en una sartén, mezcle la taza, la leche, el sorbo y el hachís. Continúe para hacerlo, revolviendo en una ocasión, hasta que los componentes se mezclen. Tenga mucho cuidado de no estropearlo.
2. Aléjese del corazón y agregue la mayoría de la nuez, dejando solo un poco para una clasificación final. Ahora divida su mezcla en 15 bolas de tamaño similar, y luego aplánelas lo suficiente para que se formen alrededor de una gran cantidad.
3. Una vez que haya elegido un malvavisco, coloque cada uno de ellos en el coco restante hasta que se haya aplicado una mezcla generosa.
4. Recomendamos comer solo 1-2 por persona, aparte de sus gustos.

40. Bolas de goo de mantequilla de nuez

Rendimiento: 15 Goo Balls

Ingredientes:

- 250 g de mantequilla derretida
- 225 g más
- 250 g de mantequilla de maní
- 3 cucharadas de miel
- 2 cucharadas de canela molida
- 2 cucharadas sopera de cacao

Direcciones:

1. Coloque todos los ingredientes en un tazón grande y revuelva hasta que todo esté mezclado.
2. Coloque la mezcla en el frigorífico y déjela durante 10-20 minutos.
3. Moldea la mezcla en balas individuales, al tamaño de tu preferencia. Después de lo cual, déjelo caer sobre alguna cera para fijar.
4. Algunas personas prefieren agregar otros ingredientes, como walnuts, raisins, Rice Krispies o Corn Flakes, solo para experimentar.
5. Se puede agregar más avena si encuentra que el resultado final es un poco demasiado pegajoso y bueno, o agregue más miel o mantequilla de maní si se vuelve demasiado seco. Se trata de ser creativo y agregar el tuyo propio a esta delicadeza.
6. Una vez hecho esto, ya está listo para servir este truco de ruptura, que se puede comer como postre, un refrigerio o en cualquier momento del día que elija para tener un postre.
7. ¡Disfrutar!

41. Bolas de nieve

Tiempo de preparación: 1 ½ hr.
Tiempo de cocción: 20-25 minutos.
Porciones: 12

Ingredientes:
- 1 taza de mantequilla ablandada
- 1/4 taza de azucar
- 1 cucharadita extracto puro de vainilla
- 2 tazas de harina para todo uso
- 2 cucharadas. maicena
- 1 taza de almendras tostadas sin sal, finamente picadas
- 1/4 cucharadita sal
- 1 taza de azúcar glass para cubrir

Direcciones:

1. Con una batidora de pie o una batidora de mano, bata la mantequilla con 1/4 de taza de azúcar hasta que esté cremosa. Agrega el extracto de vainilla. Agregue suavemente la harina, la maicena, las almendras tostadas y la sal hasta que estén bien combinados. Envuelva en plástico y refrigere por una hora. Precaliente el horno a 325 °. Saque la masa fría del refrigerador y obtenga aproximadamente una cucharada. de masa y luego forme una bola de 1 pulgada.
2. Coloque las bolas en la bandeja para hornear con una separación de aproximadamente 1 pulgada. Hornee las galletas en el estante medio del horno durante 20 minutos, o hasta que estén doradas y cuajadas. Llene un tazón poco profundo con 1 taza de azúcar en polvo tamizada. Deje enfriar durante unos 5 minutos y, cuando esté lo suficientemente frío como para tocarlo, enrolle las galletas en el azúcar en polvo y déjelas a un lado en la

rejilla forrada de pergamino para que se enfríen por completo. Cuando esté frío, espolvoree nuevamente el azúcar en polvo y guárdelo en un recipiente hermético.

BOMBAS DE GRASA DE POSTRE

42. Bombas de grasa napolitanas

INGREDIENTES

- 1/2 taza de mantequilla
- 1/2 taza de aceite de coco
- 1/2 taza de crema agria
- 1/2 taza de queso crema
- 2 cucharadas. Eritritol
- 25 gotas de Stevia líquida
- 2 cucharadas. Polvo de cacao
- 1 cucharadita Extracto de vainilla
- 2 fresas medianas

DIRECCIONES

a) En un tazón, combine la mantequilla, el aceite de coco, la crema agria, el queso crema, el eritritol y la stevia líquida.

b) Usando una licuadora de inmersión, mezcle los ingredientes en una mezcla suave.

c) Divida la mezcla en 3 tazones diferentes. Agregue cacao en polvo a un tazón, fresas a otro tazón y vainilla al último tazón.

d) Mezcle todos los ingredientes nuevamente con una licuadora de inmersión. Separe la mezcla de chocolate en un recipiente con pico.

e) Vierta la mezcla de chocolate en el molde de bomba de grasa. Coloque en el congelador durante 30 minutos, luego repita con la mezcla de vainilla.

f) Congele la mezcla de vainilla durante 30 minutos, luego repita el proceso con la mezcla de fresa. Vuelva a congelar durante al menos 1 hora.

g) Una vez que estén completamente congelados, retírelos de los moldes de la bomba de grasa.

44. Paletas de grasa de arce y tocino

INGREDIENTES
- 2 cucharadas de mantequilla de coco
- Paletas De Pastel De Tocino De Arce
- 6 onzas. Tocino campestre de Burgers 'Smokehouse
- 5 huevos grandes, separados
- 1/4 taza de jarabe de arce
- 1/2 cucharadita Extracto de vainilla
- 1/4 taza de eritritol
- 1/4 cucharadita Stevia líquida
- 1 taza de harina de almendras Honeyville
- 2 cucharadas. Polvo de cáscara de psyllium
- 1 cucharadita Levadura en polvo
- 1/2 cucharadita Cremor tártaro
- Glaseado de caramelo salado 5 cdas. Manteca
- 5 cucharadas Crema espesa
- 2 1/2 cucharadas Caramelo Salado Sin Azúcar Torani

DIRECCIONES
1. Rebanada de 6 oz. Burgers 'Smokehouse Country Bacon en trozos pequeños.
2. Congelar el tocino durante 30 minutos antes o usar tijeras normalmente ayuda con este proceso.
3. Calienta una sartén a fuego medio-alto y cocina el tocino hasta que esté crujiente.
4. Una vez crujiente, retire el tocino de la sartén y déjelo secar sobre toallas de papel. Guarde el exceso de grasa de tocino para saltear verduras u otras carnes.
5. Precaliente el horno a 325F. En 2 tazones separados, separe las yemas de las claras de 5 huevos grandes.

6. En el tazón con las yemas de huevo, agregue 1/4 taza de jarabe de arce, 1/4 taza de eritritol, 1/4 cucharadita. stevia líquida y 1/2 cucharadita. extracto de vainilla.

7. Con una batidora de mano, mezcle todo esto durante unos 2 minutos. Las yemas de huevo deben tener un color más claro.

8. Agregue 1 taza de harina de almendras Honeyville, 2 cucharadas. Polvo de cáscara de psyllium, 2 cucharadas. mantequilla de coco y 1 cucharadita. Levadura en polvo.

9. Mezcle esto nuevamente hasta que se forme una masa espesa.

10. Lava los batidores de la batidora de mano en el fregadero para asegurarte de que se eliminen todos los rastros de grasa de los batidores.

11. Agrega 1/2 cucharadita. Cremor tártaro a las claras de huevo.

12. Batir las claras de huevo con una batidora de mano hasta que se formen picos sólidos.

13. Agregue 2/3 de tocino crujiente a la masa para pastelitos.

14. Agregue aproximadamente 1/3 de las claras de huevo a la masa y mezcle agresivamente.

45. Bombas de grasa de coco y naranja

INGREDIENTES

- 1/2 taza de aceite de coco
- 1/2 taza de crema batida espesa
- 4 onzas. Queso crema
- 1 cucharadita Mio de vainilla naranja
- gotas de Stevia líquida

DIRECCIONES

1. Mida el aceite de coco, la crema espesa y el queso crema.
2. Use una licuadora de inmersión para mezclar todos los ingredientes. Si tiene dificultades para mezclar los ingredientes, puede calentarlos en el microondas durante 30 segundos a 1 minuto para ablandarlos.
3. Agregue Orange Vanilla Mio y stevia líquida a la mezcla y mezcle con una cuchara.
4. Extienda la mezcla en una bandeja de silicona (la mía es una increíble bandeja para cubitos de hielo de Avenger) y congele durante 2-3 horas.
5. Una vez endurecido, sacar de la bandeja de silicona y guardar en el congelador. ¡Disfrutar!

46. Bombas de jalapeño

INGREDIENTES

- 1 taza de mantequilla ablandada
- 3 onzas. Queso crema
- 3 rebanadas de tocino
- 1 pimiento jalapeño mediano
- 1/2 cucharadita Perejil seco
- 1/4 cucharadita Cebolla en polvo
- 1/4 cucharadita Polvo de ajo
- Sal y pimienta para probar
  DIRECCIONES

1. Freír 3 rebanadas de tocino en una sartén hasta que estén crujientes.
2. Retire el tocino de la sartén, pero guarde la grasa restante para usarla más adelante.
3. Espere hasta que el tocino se enfríe y esté crujiente.
4. Quite las semillas de un chile jalapeño y luego córtelo en trozos pequeños.
5. Combine el queso crema, la mantequilla, el jalapeño y las especias. Sazone con sal y pimienta al gusto.
6. Agregue la grasa de tocino y mezcle hasta que se forme una mezcla sólida.
7. Desmenuza el tocino y colócalo en un plato. Enrolle la mezcla de queso crema en bolas con la mano y luego enrolle la bola en el tocino.

47. Bombas de grasa de pizza

INGREDIENTES

- 4 onzas. Queso crema
- rodajas de pepperoni
- aceitunas negras sin hueso
- 2 cucharadas. Pesto de tomate secado al sol

DIRECCIONES

1 Cortar el pepperoni y las aceitunas en trozos pequeños.
2 Mezcle la albahaca, el pesto de tomate y el queso crema.
3 Agrega las aceitunas y el pepperoni al queso crema y vuelve a mezclar.
4 Forme bolas, luego decore con pepperoni, albahaca y aceituna.

48. Bombas de grasa de mantequilla de maní

INGREDIENTES

- 1/2 taza de aceite de coco
- 1/4 taza de cacao en polvo
- cucharada Polvo PB Fit
- cucharada Semillas de cáñamo sin cáscara
- 2 cucharadas. Crema espesa
- 1 cucharadita Extracto de vainilla
- 28 gotas de Stevia líquida
- 1/4 taza de coco rallado sin azúcar

DIRECCIONES

1. Mezcle todos los ingredientes secos con el aceite de coco. Puede que requiera un poco de trabajo, pero eventualmente se convertirá en una pasta.
2. Agregue crema espesa, vainilla y stevia líquida. Mezclar nuevamente hasta que todo esté combinado y ligeramente cremoso.
3. Mida el coco rallado sin azúcar en un plato.
4. Extienda las bolas con la mano y luego enrolle el coco rallado sin azúcar. Coloque sobre una bandeja para hornear cubierta con papel pergamino. Deje reposar en el congelador durante unos 20 minutos.

49. Barras de bomba de grasa de nuez de arce

INGREDIENTES

- 2 tazas de mitades de nueces
- 1 taza de harina de almendras
- 1/2 taza de harina de linaza dorada
- 1/2 taza de coco rallado sin azúcar
- 1/2 taza de aceite de coco
- 1/4 taza de "jarabe de arce"
- 1/4 cucharadita Stevia líquida (~ 25 gotas)

DIRECCIONES

1. Mida 2 tazas de mitades de nueces y hornee durante 6-8 minutos a 350F en el horno. Solo lo suficiente para cuando empiecen a volverse aromáticos.
2. Retire las nueces del horno y luego agréguelas a una bolsa de plástico. Use un rodillo para triturarlos en trozos. No importa demasiado la consistencia,
3. Mezcle los ingredientes secos en un tazón: 1 taza de harina de almendras, 1/2 taza de harina de linaza dorada y 1/2 taza de coco rallado sin azúcar.
4. Agregue las nueces trituradas al tazón y mezcle nuevamente.
5. Finalmente, agregue 1/2 taza de aceite de coco, 1/4 taza de "jarabe de arce" (receta aquí) y 1/4 cucharadita. Stevia líquida. Mezclar bien hasta que se forme una masa desmenuzable.
6. Presione la masa en una cazuela. Estoy usando una fuente para hornear de 11 × 7 para esto.
7. Hornee durante 20-25 minutos a 350F, o hasta que los bordes estén ligeramente dorados.

8. Retirar del horno; Deje enfriar parcialmente y refrigere durante al menos 1 hora (para cortar limpiamente).
9. Cortar en 12 rodajas y retirar con una espátula.

50. Bombas de tocino con queso

INGREDIENTES

- 3 onzas. Queso mozzarella
- cucharada Harina de almendra
- cucharada Mantequilla derretida
- 3 cucharadas Polvo de cáscara de psyllium
- 1 huevo grande
- 1/4 cucharadita Sal
- 1/4 cucharadita Pimienta negra recién molida
- 1/8 cucharadita Polvo de ajo
- 1/8 cucharadita Cebolla en polvo
- rebanadas de tocino
- 1 taza de aceite, manteca o sebo (para freír)

DIRECCIONES

1. Agregue 4 oz. (la mitad) de queso mozzarella en un bol.
2. Microondas 4 cucharadas. mantequilla durante 15-20 segundos o hasta que se derrita por completo.
3. Cocine el queso en el microondas durante 45-60 segundos hasta que se derrita y quede pegajoso (debe ser un
4. Agregue 1 huevo y mantequilla a la mezcla y mezcle bien.
5. Agrega 4 cucharadas. harina de almendras, 3 cucharadas. Cáscara de psyllium y el resto de las especias a la mezcla (1/4 de cucharadita de sal, 1/4 de cucharadita de pimienta negra molida fresca, 1/8 de cucharadita de ajo en polvo y 1/8 de cucharadita de cebolla en polvo).
6. Mezclar todo y verterlo en un silpat. Estire la masa o, con las manos, forme un rectángulo con la masa.

7. Extienda el resto del queso sobre la mitad de la masa y doble la masa a lo largo.
8. Dobla la masa de nuevo verticalmente para formar un cuadrado.
9. Engarce los bordes con los dedos y presione la masa para formar un rectángulo. Quieres que el relleno esté apretado por dentro.
10. Con un cuchillo, corte la masa en 20 cuadrados.
11. Corta cada rebanada de tocino por la mitad y luego coloca el cuadrado al final de 1 pieza de tocino.
12. Enrolle la masa en el tocino firmemente hasta que los extremos se superpongan. Puede "estirar" el tocino si es necesario antes de enrollarlo.
13. Usa un palillo para asegurar el tocino después de enrollarlo.
14. Haga esto con cada trozo de masa que tenga. Al final tendrás 20 bombas de tocino con queso.
15. Caliente el aceite, la manteca de cerdo o el sebo a 350-375F y luego fríe las bombas de tocino con queso 3 o 4 piezas a la vez.

51. Fat Pop con tocino y caramelo

INGREDIENTES

- Paletas De Pastel De Tocino De Arce
- 6 onzas. Tocino campestre de Burgers 'Smokehouse
- 5 huevos grandes, separados 1/4 taza de jarabe de arce (receta aquí)
- 1/2 cucharadita Extracto de vainilla 1/4 taza AHORA Eritritol 1/4 cucharadita. Stevia líquida
- 1 taza de harina de almendras Honeyville
- 2 cucharadas. Polvo de cáscara de psyllium
- 1 cucharadita Levadura en polvo
- 2 cucharadas. Manteca
- 1/2 cucharadita Cremor tártaro
- Glaseado de caramelo salado 5 cdas. Manteca
- 5 cucharadas Crema espesa
- 2 1/2 cucharadas Caramelo Salado Sin Azúcar Torani

DIRECCIONES

1. Rebanada de 6 oz. Burgers 'Smokehouse Country Bacon en trozos pequeños.
2. Congelar el tocino durante 30 minutos antes o usar tijeras normalmente ayuda con este proceso.
3. Calienta una sartén a fuego medio-alto y cocina el tocino hasta que esté crujiente.
4. Una vez crujiente, retire el tocino de la sartén y déjelo secar sobre toallas de papel. Guarde el exceso de grasa de tocino para saltear verduras u otras carnes.
5. Precaliente el horno a 325F. En 2 tazones separados, separe las yemas de las claras de 5 huevos grandes.

6. En el tazón con las yemas de huevo, agregue 1/4 taza de jarabe de arce (receta aquí), 1/4 taza de eritritol, 1/4 cucharadita. stevia líquida y 1/2 cucharadita. extracto de vainilla.

7. Con una batidora de mano, mezcle todo esto durante unos 2 minutos. Las yemas de huevo deben tener un color más claro.

8. Agregue 1 taza de harina de almendras Honeyville, 2 cucharadas. Polvo de cáscara de psyllium, 2 cucharadas. mantequilla y 1 cucharadita. Levadura en polvo.

9. Mezcle esto nuevamente hasta que se forme una masa espesa.

10. Lava los batidores de la batidora de mano en el fregadero para asegurarte de que se eliminen todos los rastros de grasa de los batidores.

11. Agrega 1/2 cucharadita. Cremor tártaro a las claras de huevo.

12. Batir las claras de huevo con una batidora de mano hasta que se formen picos sólidos.

13. Agregue 2/3 de tocino crujiente a la masa para pastelitos.

14. Agregue aproximadamente 1/3 de las claras de huevo a la masa y mezcle agresivamente.

CONCLUSIÓN

Las proteínas y las grasas son macronutrientes fundamentales que respaldan todas las estructuras vitales de su cuerpo. Sacar el postre perfecto del estante de la tienda es un desafío. No puede encontrar fácilmente un postre que sea nutritivo y saludable al mismo tiempo que contenga sus ingredientes favoritos.

Si eres fanático de estas golosinas decadentes pero tienes miedo de alimentarte con conservantes y azúcar en exceso, entonces este libro de cocina de bricolaje es tu recurso libre de culpa. Con una selección de recetas llenas de proteínas hasta recetas cargadas de grasa, nunca se aburrirá con ellas.

Las recetas de bricolaje impresas en este libro de cocina son únicas y cada una ilustra una fusión diferente de sabores e ingredientes. La ventaja de las recetas caseras es que están llenas de ingredientes orgánicos y los sabores se equilibran de acuerdo con sus papilas gustativas.

Una vez que se acostumbre al arte de hacer sus propios postres, no hay vuelta atrás. La experiencia no solo será emocionante, sino que también adoptará un estilo de vida saludable.

Lightning Source UK Ltd.
Milton Keynes UK
UKHW020754030621
384857UK00005B/179